# БЪЛГАРИЯ ПРЕЗ ВЕКОВЕТЕ

## КРАТКА ИСТОРИЯ

Мартин Милър-Яни

Издател: Мартин Милър-Яни, Ямбол, България

Първо издание 2023 г.

ISBN 978-619-92494-6-8 (мека корица)

Запис в каталога CIP за тази книга е наличен от:

Национален регистър на издадените книги в България
булевард "Васил Левски" 88,
1504 София,
България

# Въведение

"България през вековете: Кратка история" представя кратко и завладяващо изследване на историческата ни развивка. Книгата предлага основно разбиране за ключовите събития, влиятелните личности и промени в обществото, които са оформили нацията през вековете.

Независимо дали сте студент, пътешественик или просто човек, интересуващ се от изучаването на България, тази книга е неоценим източник. Организираната структура и ясното изложение позволяват на читателите лесно да се ориентират в различните периоди и глави, намирайки специфичната информация, която търсят, по ефективен начин.

От древни тракийски цивилизации до съвременните развития, тази книга обхваща съществените аспекти от историята на България, позволявайки на читателите да разберат историческия контекст и културно наследство на страната. Краткият формат я прави идеален избор за тези, които търсят бърза справка или въведение в миналото на България.

Тази книга предлага общ преглед, без да компрометира точността или дълбочината. Информацията е представена по разбираем и достъпен начин, като я прави отличен източник за придобиване на познания за богатата историческа панорама на България.

Без значение дали имате нужда да освежите познанията си за определен исторически период или да развиете общо разбиране за миналото на България, тази книга предоставя надеждна информация и служи като ценно ръководство. Тя потапя читателите в триумфите, предизвикателствата и културните трансформации, които са оформили идентичността на България, предлагайки завладяващо пътешествие из времето.

За кратко, "България през вековете: Кратка история" е атрактивна и информативна книга, която предоставя компактен преглед на историята на България. Това е отличен източник за всеки, който желае да изследва изумителната история на тази нация и да придобие по-дълбоко уважение към нейното културно наследство.

**Shipka War Monument**

**Българският герб**

# Съдържание

# Глава 1 – древности

Дълбоко в дневниците на времето, развива се завладяващата история на България, простираща се назад в древните епохи, които обхващат над милион години. Встрани от границите на съвременна България, земята, богата на природна красота и разнообразни пейзажи, са разкрити следи от човешко население, разкривайки очарователен панаир на живота на нашите предци и давайки мамни погледи в далечното минало на региона.

Загледани в дълбините на времето, изобилни доказателства показват, че още преди 1,4 милиона години, нашите древни предци се разхождали по земите, които един ден ще станат България. Тези ранни обитатели, чиито имена дълго са загубени в пясъка на времето, оставили зад себе си следи, истинско съкровище от археологически находки, които ни призовават да изследваме техния загадъчен и древен свят.

Един от най-впечатляващите обекти в България е населението на Homo erectus в пещерата Козарника в Стара планина. Тук археолозите са разкопали каменни инструменти и животински кости, датирани на около 1,4 милиона години, предоставяйки силни доказателства за ранното присъствие на хора в региона. Тези артефакти предлагат поглед във всекидневието на тези праисторически хора, техния изобретателност и способността им да се приспособят към предизвикателствата на околната среда.

1

Продължавайки напред във времето, около 6000 години през миналото, плодородните земи на съвременна България се превърнаха в дом на неолитни общности. Останките от множество населени места и гробни места, като тези в Караново и Провадия, са разяснили разцвета на земеделските практики и сложните социални структури на тези ранни земеделски общности. Изящни керамики, изящно изработени инструменти и доказателства за търговски мрежи намекват за процъфтяващо общество, което се занимава и с прехранително земеделие, и с размяна на стоки със съседни региони.

След като вековете се разгърнаха, България стана кръстопът на цивилизациите, служейки като мост между древните култури на Европа, Азия и Средиземноморието. През Бронзовата епоха, от около 4000 до 1200 г. пр.Хр., заселванията с крепости, известни като "телски" заселвания, започнаха да се появяват из цялата българска земя. Телото в Юначите, например, предлага въздействаща представа за развитото градско планиране и металургичните умения на времето. Богатите гробни намирения и изящни златни артефакти, открити в тези тели, свидетелстват за процъфтяващо и културно жизнерадостно общество.

**Входът към пещерата Козарника**

**Юнаците**

## Глава 2 - траките (724 г. Пр.н.е. - 681 г. Пр.н.е.)

Траките играха значителна роля в ранната история на България, с корени, които се проследяват около 2000 г. пр.Хр. Те бяха разнообразен народ, включващ различни племенни общности с произход от римски, келтски, германски, словенски и скандинавски произход. Тракийското население и култура произхождат от Балканския полуостров и могат да бъдат проследени още от каменната епоха.

През съществуването си, което обхваща периода от около 1200 г. пр.Хр. до 681 г. пр.Хр., траките обитават обширна територия, простираща се от Карпатите до Егейско море и от Черно море на изток. Те говорят различни местни диалекти и постепенно разширяват влиянието си в Средиземноморието, включително островите и Мала Азия.

Към 1000 г. пр.Хр. траките са развили стабилна инфраструктура и относително обединено общество, управлявано по принципа на равенството. Тази стабилност продължава около 1400 години до 6-8 век пр.Хр. През този период гръцкото влияние започва да прониква в тракийските територии. Вместо да бъде насилствено, гръцкото присъствие представлява процес на културна интеграция, което води до периода, известен като "Тракийската златна епоха" от 600 до 300 г. пр.Хр. Много от съвременните археологически открития и съкровища на България датират от този период.

В периода на върха на тракийската цивилизация населението им е около един милион души. Столицата Сеутополис, намираща се в сегашния Казанлък, служи като център на властта. Тракийското общество е организирано в племенна форма с кралска аристокрация, символизирана с емблемата на дракона.

Историческите записи показват, че много траки биват възлагани в гръцките и по-късно в римските армии. Освен това, келтите нападат тракийските територии и създават свое собствено държавство, което съществува от 279 г. пр.Хр. до 211 г. пр.Хр., преди да се разпространи дори до Британия.

Различни завоеватели, включително скифите, се опитват да завладеят траките, но устойчивият тракийски народ успешно защитава своята земя. Дори могъщата Римска империя се сблъсква с трудности в покоряването на траките и се бори два века след първоначалното си пристигане на Балканите. Въпреки това, римляните накрая успяват през 45 г. и тракийските земи попадат под римско владичество.

Траките, известни с храбростта и смелостта си, често служат като наемници в гръцките и римските армии. Прославената фигура на Спартак е пример за този тренд.

Под римско господство в тракийските територии се строят множество укрепени селища, пътища, мостове, обществени сгради и системи за водоснабдяване и канализация, оставяйки трайно архитектурно наследство. Някои от тези сгради, включително на открити театри, са се запазили до днес и допринасят за богатото културно наследство на България.

През 4-ти век след Христа Римската империя започва да се разпада, което води до войни и конфликти в тракийските земи при оттеглянето на администрацията. Използвайки вътрешната безпорядъчност, различни племена от североизток, като готите, вандалите и хуните, започват неуморни нашествия по Долния Дунав през късното 3-то и 4-то столетие. Освен това, от 5-ти век славяните започват да се проникват в Балканския полуостров в голям мащаб. Това обозначава началото на края на епохата на траките.

Мнозинство от съвременните българи с гордост твърдят, че пряко се отнасят до древните траки и ги считат за неразривна част от своята културна и историческа наследство.

**Тракийско съкровище**

**Смъртта на Спартак**

## Глава 3 - старата велика българия (681 - 1018)

Има нова вълна от нашественици в земите, които са били тракийски земи, нашествие от Изтока. Името на България произлиза от тези нашественици, наречени българи.

Българите идват от Централна Азия и пристигат на Балканите през 7-ти век. Те произхождат от Централна Азия, Иран и Турция и се сливат с местното славянско население в края на 7-ми век, за да създадат първата българска държава.

Това нашествие не се случва внезапно, защото вече има стабилна миграция на българите в европейския континент, започнала още през 2-ри век. Клановете на българите се преместват в равнините между Каспийско море и Черно море. Между средата на 4-ти век и 5-ти век много от тях пресичат Кавказ и се заселват в Армения.

В началото на 4-ти век гуните започват да нахлуват в тяхната територия, а тези, които не го приемат, биват изгонени. Най-голяма част от тях се заселват в селища в Централна Азия, по плодородните земи вдолу по долините на реките Донец и Дон и брега на Азовско море. Мнозина остават в новите си селища в продължение на векове, а останалите продължават да се движат с гуните към Централна Европа.

Българите са управлявани от наследствени ханове, а много аристократични членове на семействата носят военни титли, където се формира управляваща йерархия.

Годината 632 г. е значима, тъй като хан Кубрат, лидер на българите, води и формира независима държава, известна като Велика България. Тази територия включва долния курс на река Дунав на запад, Черно море, Азовско море на юг, река Кубан на изток и река Донец на север. Столицата е Фанагория, на Азовско море. (Между другото гробът на Кубрат е открит през 1912 г. в Перещепина, Украйна.)

Още по-навътре на изток има натиск от хазарските племена, което води до намаляване на територията на Велика България през края на 7-ми век.

Едно племе на българите мигрира към сливането на реките Волга и Кама и формира нова държава наречена Волжка България.

Друго племе на българите, водено от хан Аспарух, син и наследник на хан Кубрат, се премества още по-на запад и заема днешна южна Бесарабия. След успешна кампания срещу Византия през 680 г., хан Аспаруховият канат завладява Мизия и Добруджа.

Това е признато като още една независима държава според договор, подписан с Византийската империя през 681 г. Годината 681 се смята за годината на създаването на днешна България.

Дори и днес все още има друга теория, според която годината може да бъде разглеждана като 632, а не 681, тъй като Велика България може да е продължила в Дунавската българска държава. Теорията гласи, че Велика България, въпреки че губи много от територията си на хазарите, успява да ги победи през ранните 670-те години, а хан

Аспарух завладява Мизия и Добруджа от Византия през 680 г.

**Хуните**

**Хан Кубрат и неговите синове**

Българите

# Глава 4 - византийско властолюбие (1018 - 1185)

Византийското владичество, известно също като Източноримската империя, продължи около двеста години и бе основано от говорящата на гръцки империя на Средновековния Римски империя, със столицата си в Константинопол. Империята често се нарича "Източноримската империя", защото се смяташе за продължение и разделяне на Римската империя. Друго име за империята беше "Империята на гърците", което подчертаваше господството на гръцкия език, култура и население.

Въпреки че не съществува точна дата за началото на византийския период, той може да се проследи до времето на Константин I, който владееше между 306 и 337 г. Константин I е известен с това, че е първият римски император, който премества столицата от Рим в новосъздадения град Константинопол през 330 г.

През своето съществуване Византийската империя постепенно разширява влиянието си и интегрира голяма част от съществуващите територии на България. Българите накрая подлагат на византийско владичество през 1018 г. при владетелството на Василий II, наречен "Българския убиец". Това означава съществена промяна в българската история, тъй като тяхното независимо политическо, културно и икономическо развитие спира.

Под пряко византийско владичество българският народ изпитва сериозни последствия. Империята въвежда нова данъчна система в Стара Българска държава и намалява

12

статута на българското патриаршийство, въпреки че някои български аристократи успяват да запазят своите позиции като земевладелци. Византинците също така набират войници от българското население, което е обичайна практика за завладяващите империи.

В рамките на десет години от византийското владичество, българските земи се сблъскват с въвеждането на нова данъчна система, която, заедно със себичността и алчността на византийските служители, бързо води до разорението на местната икономика. Оставащата българска аристокрация постепенно губи земите си, като бива прехвърлена на други региони на империята или подкупвана да откаже своите активи на византийците.

Тези действия естествено възбуждат недоволство сред българското население и в крайна сметка довеждат до множество въстания, насочени към възстановяване на българската независимост. Първото въстание избухва в Белград през 1040 г., само 22 години след като започва византийското владичество. То е подиграно от Петър Делян, внук на цар Самуил от Първата българска държава. Петър е прогласен за новия български цар и владее две години (1040-1041).

Това първо въстание успява да освободи значителна част от българските земи. Въпреки това, силият на въстанието отслабва, когато член на семейството с амбиции да превземе престола ослепява цар Петър.

През 1072 г. избухва ново въстание, водено от Георги Войтех, знаменосецът в град Скопие. Това въстание продължава две години, но в крайна сметка бива потушено през 1074 г. Следващи въстания се случват в районите на

Силистра, Пловдив и Несебър между 1074 и 1086 г., но всички срещат неуспех. Беше само въпрос на време преди недоволството на българското население да сложи край на несправедливото византийско владичество.

Почти в продължение на век българските земи страдат под византийско господство, ставайки плодородна почва за въстания и ожесточени вражди. През този период настъпва хаос, докато норманите започват нашествия от юг през 1096-1097 г. и отново по време на втората вълна през 1146-1147 г. Освен това, варварите от степите подновяват набезите си. Византинците, неспособни да защитят ефективно империята си, оставят българите уязвими.

Сред тези предизвикателства усилията за организиране на освободително движение са спрени, тъй като българският народ е напълно ангажиран с борбата за живот и смърт срещу други нахлуващи. Много животи се губят, но българите успешно защитават земите си и отблъскват всички опити за набези.

Въпреки че Византия все още поддържа суверенитет върху българските земи, тяхната власт значително е намалена, тъй като се оттеглят от България, когато тяхната присъствие е най-необходимо. Този отстъп оставя празнота, която българският народ запълва с устойчивост и решимост.

Чрез успешни войни и изпитанията, които те преживяват, в България се издига нова аристокрация, закалена от своите преживявания. Тази нова управляваща класа превзема властта, което означава намаляване на влиянието на Византия в региона. Преломният момент идва със смъртта на византийския император Мануил I Комнин през 1180 г., което още повече ослаба византийския контрол върху България.

Това отваря пътя за възраждането на българската държавност и независимост през следващите векове. Следват периоди на промени в владетелите, битки и дипломация, но византийското владичество върху България намалява и най-после българите постигат независимост през Средновековна България, възстановявайки своята държавност и културен идентитет.

**Император Мануил I Комнин**

**Борис II**

През 1185 година в региона на България започна значително въстание срещу византийското владичество. Двама благородни лидери, Петър и Асен, предводеха това въстание, което в крайна сметка доведе до обявяването на Цар Петър II за владетел на независима България. Следващата година Византийската империя призна независимостта на България, и Петър се провъзгласи за Цар на българите, гърците и влахите. С тази новопридобита автономия, териториалното владение на България се разшири, обхващайки обширни региони от Черно море до Дунава, включително части от източна Македония и долината на Морава. Освен това, България упражняваше контрол над Влашката земя и Молдова.

През 1197 година Цар Калоян въздигна на трона и сключи съюз с Папството, с което си осигури признание на своята титла като "крал". Въпреки това, Калоян предпочиташе да бъде наричан "император" или "цар". Захранван от амбициите си, Калоян води войни срещу Византийската империя и рицарите от Четвъртия кръстоносен поход. Той постигна значителни победи и завладя обширни територии в Тракия, Родопите и Македония. Въпреки това, неговите експанзионистки амбиции се сблъскаха с упореното съпротивление на унгарците и сърбите, което пречеше на постигането на допълнителни печалби на запад и северозапад.

През управлението на Иван Асен II, което продължаваше от 1218 до 1241 година, България изживя период на възраждане и възвърна своята бивша имперска статут. Под ръководството на Иван Асен II, България завладява Белград и Албания, възстановявайки своето господство в региона. През 1230 година Иван Асен II изразява своите грандиозни амбиции, като се нарича "верният цар и автократ на българите, син на стария Асен", подчертавайки своята божествена власт.

През 1235 година българската православна йерархия беше възстановена с съгласието на всички източни вероизповедания, което положи край на съюза с Папството. Иван Асен II придоби репутация на мъдър, състрадателен и уважаван владетел. Той насърчаваше дипломатически взаимоотношения с католическите територии на Запад, особено в Италия, и използваше мирни средства, за да ограничи византийското влияние върху своето царство.

Към 14 век сериозно предизвикателство за България и съседните страни представляваше неуморното нашествие от юг от Османската империя. През 1354 година османските турци прекрачиха в Европа и постепенно разшириха своето териториално владение. През 1362 година те придобиха контрол над Филипопол (днес Пловдив), а през 1382 година разшириха своето владичество до София. Нападенията им продължаваха, като насочваха вниманието си към сърбите и стигнаха до Косово поле през 1389 година.

Втората българска империя се оказа под напрежение от османската атака. През 1393 година, след ожесточена тримесечна обсада, Търново, столицата на България, падна в османски ръце. Имаха спекулации за предателство отвътре, тъй като се вярваше, че южната порта била отворена отвътре. Впоследствие, през 1396 година

Северното царство Видин също поддаде на османска окупация, фактически поставяйки край на Втората българска империя и друг период на българска независимост.

Падането на Търново и Видин означава преломен момент в българската история, тъй като страната влиза в продължителен период на османско владичество и подчинение. Въпреки това, паметта за Втората българска империя и нейните храбри владетели като Иван Асен II ще продължи да вдъхва в бъдещите поколения стремеж към независимост и запазване на българския идентитет.

**Монета на цар Петър II**

**Иван Асен II**

**Търново**

# Глава 6 - османско владение (1396-1878)

Османското владичество в България се простираше далеч не само като временна посещение. Техното управление, характеризирано с различни форми на преследване, включително религиозно притеснение, накрая доведе до техния падеж.

Късно през 14 век Османската империя завладя всички райони на България, като ги въведе под контрола на Константинопол. Българите пострадаха от загубата на своята държава и независимост, които нямаше да бъдат възстановени за повече от 500 години. Това имаше дълбоко въздействие върху идентичността на България и нейното бившо царство, тъй като османските управници не само разглобиха българското наследство, но и наложиха собствената си култура на страната и хората.

Османското управление в България следваше йерархична структура. Българските територии станаха известни като Беирлик на Румили, като в София беше разположен османски управител с титлата "Беирлик". Този бивш български район, който включваше Мизия, Тракия и Македония, беше допълнително разделен на секции, известни като "Санджаци", всеки от които беше управляван от "Санджакбей", който оттоваряше на Бейлербей в София.

Както беше обичайно, много от завладените земи бяха предоставени на предпочитаните последователи на султана, известни като "Малки тимари", "Средни зимети" и "Големи хасета", в зависимост от тяхната важност.

Въпреки това, земята оставаше собственост на султана или османската благородничеството и при смъртта на бенефициентите трябваше да се върне. По същество, земите не можеха да бъдат продавани или наследявани. Те служеха като икономическа основа за финансиране на религиозни нужди, а жителите бяха облагани с различни данъци, включително "Юшур", "Джизие" и "Испенч", както и допълнителни данъци върху търговските дейности. Българите бяха подложени на произволно облагане с данъци по желание на османските им господари.

В Османската империя християните се наричаха презрително "гяури", което означаваше по-нисък социален клас в сравнение с османските мюсюлмани. Те бяха лишени от множество права, а дискриминацията срещу тях беше широко разпространена. Християните не разполагаха с защита за своя живот и имущество, а самата правна система беше необективна, често пренебрегваща свидетелствата на християнските свидетели в полза на мюсюлманите.

Този продължителен период на османско владичество остави неизгладим отпечатък върху България. Потискането на българската идентичност и наследство, заедно с икономическата експлоатация и религиозната дискриминация, формираха траекторията на страната. Беше нужно множество векове и значителни борби, за да се възвърне независимостта на България и да се възстанови нейното културно наследство, което означаваше промяна в нейната история.

През периода на османско владичество в България бе въведена двунивкова данъчна система, налагайки повисоки данъци на християните в сравнение с мюсюлманите. Тази политика беше предназначена да извлече повече приходи от християните и да предотврати масови прсобразувания в исляма. Въпреки това, въпреки тези дискриминационни данъци, имаше множество случаи на принудителни индивидуални и масови ислямски конверсии, особено в южните райони на България.

Обикновено християните не бяха позволени да служат в армията на султана, освен ако не бяха използвани за възпомагателни услуги. В рамките на военната структура бе въведен и данък, известен като "кръвен данък". По тази система всеки пети мъжко дете беше вземано и обучавано като войник за Османската империя. Тези млади българи, известни като "яничари" или "нова сила", преминаваха през строга подготовка, за да станат елитни войници, като същевременно бяха подложени на индоктринация с цел да им се внуши безкомпромисна лоялност към султана. Тази практика допълнително засилваше разделението между управляващата османска елит и християнското население.

Културният влияние на османското владичество беше огромно. Множество центрове на българската култура бяха систематично разрушавани, което доведе до загуба на безброй писмени произведения. Въпреки че някои образовани религиозни личности успяха да избягат в други славянски държави, българската култура като цяло беше потопена в дълъг период на изолация от останалата част на Европа. Подчиняването на независимото Българско патриаршие и въвеждането на контрол от страна на патриарха на Константинопол, заедно с изгонването на Българското Охридско архиепископство през 1767 година, причиниха значително недоволство през целия период на османска власт. Владението на гръцкия духовен свещеник препятстваше развитието на българската култура и образование.

Въпреки всички трудности, българският народ запази своята език, религия, традиции и идентичност през вековете на османско владичество. Това се дължи на националната съзнателност и устояването на българските хора, които продължаваха да поддържат своите обичаи и културни ценности в трудни условия. Въпреки преките и косвени опити за асимилация, османската власт не успя да изтреби българската национална идентичност. Този устойчив дух на народа играе важна роля във формирането на модерната България след освобождението от османското владичество през 19 век.

## Отоманската империя

24

**Отомански войници**

**Княз Фружин**

# Глава 7 - въстанието (1876-1878)

През един критичен период от историята на България, простиращ се в продължение на над 50 години, докато тя все още беше под османско владичество, българският национализъм изниква като силен фактор, влиян от западните идеали, които се разпространяваха в цяла Европа. Тази вълна на идеализъм набира сила след Френската революция и стига до България чрез комуникационните канали с Гърция.

През 1821 година гърците започват борбата си срещу османското владичество, служейки като източник на вдъхновение за много образовани българи. Въпреки това, гръцкото влияние среща съпротива поради неудовлетворението на българите от гръцкото контрол върху Българската църква. Възстановяването на независимата Българска църква става голямо предизвикателство, но действа като първичен катализатор, който запалва пламъците на българското национално чувство.

През 1870 година се постига важна веха, когато българският екзархат беше установен с указ на султана. Първият български екзарх, Антим I, става духовен лидер на нарастващата България, която с голяма страст възвръща националната си идентичност. В отговор на това, патриархът на Константинопол, представляващ османските религиозни власти, изключва българския екзархат от църквата. Вместо да намали българските стремежи за независимост, това действие допълнително подхранва жаждата им за самоопределение.

При този исторически контекст, един мъж се издига и получава титлата "Апостолът на свободата" в българската история. Той се казва Васил Левски. Левски служи като светлина, насочваща няколко поколения български патриоти, оставяйки незабравимо следвоене от късата част на 1860-те до ранната част на 1870-те години.

Въпреки че животът му беше трагично прекъснат, делото на Левски открива нова глава в българската история. Неговото виждане се фокусираше върху създаването на Вътрешна революционна организация, чрез която България можеше да постигне свобода, без да се основава на чужда помощ. През февруари 1868 година Левски пише на български войвода, изразявайки своята непоколебима решимост:

"И аз ще го направя, ако Бог ми помогне, за което, ако победя, побеждавам за цял народ; ако загубя, загубвам само себе си."

Васил Левски имаше ясна цел: да подготви българския народ за национално въстание, което да установи мощна българска държава. Неговите идеи и действия му спечелиха титлата "бащата на съвременна България". Левски пише:

"Всички народи ще живеят според еднакви чисти и свети закони, както Бог е наредил да живее човечеството."

Той събра подкрепа от земеделци, ремесленци, учители и духовенство, вдъхновявайки ги да се обединят в освобождението на родината им, България.

Успехът на Апостола може да се припише не само на благоприятния исторически момент за българската революция, но и на неговата изключителна способност да се свързва с душите на хората. Той се издига като уникален фигур, който в епохата на освобождени ето на България от османското господство, прокарва идеалистичен път, който в крайна сметка води до свобода.

Моралният характер на Левски е изключителен. Като Апостол на свободата за България, той посвети целия си живот на една мисия: свободата на българския народ. В историята на нацията никоя друга фигура не се приближава до неговото величие и влияние върху пътя на България към независимостта.

През 1872 година, в уединените стени на една кръчма в северна България, се разиграва неочаквано събитие. Левски, изтъкнат български революционер и национален герой, бива заловен от турска патрулка и бързо хванат. Въпреки пленяването му, непоколебимата му решимост преваля и той стои пред турския съд, успешно предотвратявайки разпадането на тайната българска революционна организация. Въпреки това, на 19 февруари 1873 година, Левски, истинският български патриот, среща своята съдба на бесилка. Дори до този момент той вече е постигнал своята мисия, възпламенил огъня в сърцата на цял народ.

Идеалите на Левски продължиха да живеят в България, и през април 1876 година българският народ се издигна в това, което ще бъде наречено "Априлско въстание". Това въстание беше подпалено от над 500 години очакване на момент на освобождение. Разбирайки, че имат малки шансове срещу силната Османска империя, Левски и останалите лидери на българското революционно движение знаеха, че зле въоръжените им съпатници имат малки шансове, освен ако не получат помощ от руската империя. Въпреки че въстанието беше потушено и преследвано от турските власти с ужасяващи репресии, то предизвика вниманието на европейските държави и постави османската империя под международно налягане, което в крайна сметка допринесе за краят на османското владичество в България.

Въпреки че Левски не видя освобождението на родината си, неговата жертва и преданост се превърнаха в символ на борбата за свобода и независимост на България. Неговите идеали и дух остават живи в сърцата на българския народ, като източник на вдъхновение и сила за постигане на по-добро бъдеще.

**Антим I**

**Васил Левски**

Георги Бенковски

Родният град на Бенковски, Копривщица

# Глава 8 - кралството (1878-1911)

След Третия берлински договор през 1878 г., България изниква като независима държава, въпреки че значително по-малка по размери спрямо предишните си територии. Новооснованото Княжество България се простираше в региона между река Дунав и Стара планина. Интересно е, че столицата на това княжество не беше София, а древната българска столица Велико Търново.

Въпреки че България получи самоуправление, тя остана под частичното владичество на Османската империя. Според договора княжеството трябваше да бъде управлявано от избран княз. Въпреки това имаше условие, че князът не може да е от руски произход. В резултат на това беше избран племенникът на цар Александър II - принц Александър.

Заедно със създаването на Княжество България, на юг от Стара планина беше установена и друга автономна Османска провинция, наречена Източна Румелия. Регионът на Македония, от друга страна, беше върнат под директното владичество на султана.

Българите приеха демократична конституция, а властта беше демократично прехвърлена на Либералната партия, водена от Стефан Стамболов. Първоначално принц Александър имаше консервативни политически възгледи и не се съгласяваше с политиките на Стамболов. Въпреки това той с течение на времето се привърза към новата си страна и претърпя промяна на сърцето си, като в крайна сметка подкрепи Либералната партия.

Един проблем, който продължаваше от създаването на новото Българско княжество, беше обединението на България и Източна Румелия. През 1885 г. принц Александър напълно подкрепи тази причина. Възможността за обединение възникна, когато през септември на тази година в Пловдив се извърши преврат.

Правителството и управните власти бяха заети със собствени вътрешни борби за властта и поради това не се намесиха пред преврата. Използвайки тази отвлеченост, Сърбия обяви война на България в опит да присвои територия. Въпреки това българите успяха да победят сърбите в битката при Сливница и ги отблъснаха обратно в Сърбия. Накрая, двете страни се съгласиха с обединение и приеха обединението на България и Източна Румелия. Ролята на принц Александър в този успех го направи изключително популярен сред българския народ.

Въпреки това Русия изрази загриженост за либералните наклонности на принца и го разглеждаше с подозрение. През август 1886 г. руското противопоставяне към принц Александър достигна връх с преврат, който го принуди да се отрече и да потърси убежище в Русия. Стефан Стамболов незабавно действа и принуди отговорните за преврата да напуснат страната. Въпреки това силното противопоставяне от Русия отново принуди принца да се откаже от престола.

Събитията в началните години на независимостта на България бяха характеризирани с политически маневри, териториални стремежи и борбата за влияние между различните сили. Въпреки изправените пред предизвикателства, българският народ се обедини около стремежа си за обединена и независима нация, като постави основите за бъдещото развитие на страната.

В историческия контекст на юли 1887 г. България претърпява решителна политическа промяна, когато Фердинанд от Сакс-Кобург-Гота беше избран за новият принц. Въпреки това австрийското му произход представляваше значително предизвикателство, тъй като руснаците отказваха да признаят позицията му. Тази липса на признание подрони дипломатическите отношения между България и Русия, създавайки сложна политическа ситуация.

Първоначално Фердинанд сътрудничеше с Александър Стамболов, известен български политик, за управлението на страната. Въпреки това техните някогашни приятелски отношения започнаха да се развалят към 1894 г. Напрежението достигна до такава степен, че Стамболов се чувства принуден да се оттегли от своята позиция. Зловещо, през следващата година, през юли 1895 г., Стамболов беше убит, което допълнително затрудни положението в България.

Със съпротивата срещу Русия и вътрешната политическа безпорядъчие, Фердинанд се взе в ръце да възстанови дипломатическите отношения с Русия. Това начинание изискваше определена степен на компромис, което в крайна сметка доведе до връщане към по-консервативна политика в България.

В същото време съдбата на българите, живеещи под османско владичество, оставаше наложителен проблем. Ситуацията се усложняваше от териториалните претенции на Сърбия и Гърция върху части от Македония и Сърбия. Като славянска нация, Сърбия твърдеше, че македонските славяни законно принадлежат на Сърбия. Това противоречие продължи да нараства и в крайна сметка излязоха наяве дори българските претенции към Македония.

През 1908 г. Османската империя обяви, че Австро-Унгария може да анексира Босна и Херцеговина. Това предизвика масови протести в Босна и Херцеговина, а България използва ситуацията, за да прогласи независимостта си от Османската империя на 5 октомври 1908 г. Този ход беше подкрепен от международната общност и утвърждаваше независимостта на България.

В резултат на независимостта си, България придоби нови територии, включително и Западна Тракия. Въпреки че този успех възстанови националното единство на българите, политическата обстановка все още оставаше нестабилна. Политическите партии бяха разделени, а конфликтите между тях често водеха до напрежение и насилие.

Всички тези събития и промени в България през периода 1878-1911 г. създадоха основата за по-късната модернизация и развитие на страната. Независимостта, териториалните претенции и политическите противоречия оформиха българската идентичност и определиха траекторията ѝ за бъдещето.

Стефан Стамболов

Принц Александър

# Глава 9 - балканските войни (1912-1913)

През годината 1911 г., въпреки миналите години, Османската империя все още управлява югоизточната част на България. По това време България е ръководена от националистическия министър-председател Иван Гешов, изобразен в лявата част на предоставената снимка.

Разпознавайки необходимостта да предизвика турско управление, министър-председателят Гешов сформира съюз с Гърция и Сърбия. През февруари 1912 г. се сключва тайно споразумение между България и Сърбия, а следващата година се сключва подобно споразумение с Гърция. Монтенегро също се присъединява към този пакт, образувайки мощен и обединен фронт.

Основната цел на тези споразумения беше да се осигури разделение на Македония и Тракия между съюзниците. Въпреки това границите на разпределените територии не бяха ясно определени. Тази липса на яснота доведе до смут и недоволство, особено когато турците отказаха да осъществят реформи в спорните райони. Като резултат, Първата балканска война избухна през октомври 1912 г., като накрая доведе до поражението на Османската империя от съюза.

Въпреки победата, България пострада най-много от съюзническите сили. Следователно българският народ смяташе, че имат право на най-голяма част от военните плячки. Въпреки това сръбите настоятелно не се съгласяваха и отказваха да отстъпят получените от тях територии в северна Македония. Те твърдеха, че българската армия не успя да постигне своите предвоенни цели при Одрин без сръбска помощ и затова настояваха за преразглеждане на споразумението относно разделението на Македония.

В светлината на тези напрежения и спорните териториални претенции, България сериозно разглежда възможността за водене на още една война, този път срещу нейните бивши съюзници Сърбия и Гърция. Съюзът между трите нации ефективно се разпада, което води до образуването на нов съюз и последващото избухване на Втората балканска война.

Сърбия и Гърция, сега съюзеници срещу България, сключват тайно споразумение, според което Гърция ще получи контрол над Тракия, ако помогнат на Сърбия да предотврати България да превземе македонските територии. Гръцкият министър-председател Елефтериос Венизелос намира това споразумение приемливо, въпреки че нарушава преждевременните споразумения. Важно е да се отбележи, че Германия и Австро-Унгария потайно подкрепят този развой на събитията, виждайки го като възможност да упражнят влияние в региона.

Така втората балканска война възниква в резултат на разпадналия съюз между България, Сърбия и Гърция. Променящите се динамики и участието на външни сили допълнително усложняват ситуацията на Балканите по време на този волатилен период.

Цар Фердинанд на България се намира в тежко положение, хванат с ограничени възможности и изправен пред риск да загуби значителна част от територията си на чужди сили. Сблъсквайки се с това трудно положение, той прави решителното решение да обяви война на Сърбия и Гърция. Българската армия започва ярък настъпателен отказ, като първоначално прави значителен напредък във войната срещу сръбските и гръцките окупирани територии. Всъщност обаче битката скоро ще се обърне срещу тях.

Яростта на борбата в тази война се равнява на тази във всяка конфликт, като резултатът е тежък за двете страни. Един от решаващите моменти идва с Битката при Брегалница, където българските сили претърпяват решителен неуспех. Румънската армия, наблюдавайки уязвимостта на България, вижда възможност и след това влиза във войната, започвайки нападение от север. За да увеличат проблемите на България, Османската империя, усещайки слабост и смут в рамките на нацията, също се включва във войната и напада от югоизток.

България се оказва обсадена от всички страни, заобиколена от врагове, гладни за нейната територия и търсещи отмъщение за нейната първоначална агресия. Войната вече е изключително трудна за България, а перспективите за победа стават все по-малки. В резултат България е принудена да откаже много от своите претенции за македонските територии и да ги отстъпи на Сърбия и Гърция. В същото време обновената Османска империя успява да превземе Одрин, а Румъния установява контрол над южна Добруджа.

Завършекът на втората балканска война оставя България разорена от конфликт, с изчерпани ресурси и разбито морално, докато светът стои на ръба на много по-голям конфликт - Първата световна война. Нацията, все още потърпевша от своето скорошно поражение, скоро ще се озове във втори унищожителен конфликт, допълнително усилващ нейните беди.

Така историята на участието на България във вторите балкански войни стои като свидетелство за последствията от неудачни решения и сложната мрежа от геополитически сили, които могат да определят съдбата на нациите. Разорената от война България ще се сблъска с още едно трудно глава от своята история, докато светът се потапя в ужасите на Първата световна война.

**Иван Гешов**

**Български войници в Едрене**

Сцена от Втората балканска война

# Глава 10 - първа световна война (1914-1918)

След Балканските войни България се намираше в крехко положение, тъй като страната имаше малко време да се възстанови преди да бъде хвърлена в нов конфликт. Събитията, които се развиха през този период, формираха българското мнение и доведоха до значителна промяна в съюзите.

Както историята показа, ситуацията в Европа стана все по-спорна, а българският народ започна да питоми негативни чувства както към Русия, така и към западните сили. Те смятаха, че тези страни не направиха нищо, за да им помогнат по време на техния нужен момент и, следователно, не виждаха задължение да се насочат към тях.

По това време България беше управлявана от Васил Радославов (изображен наляво), който взе решение да създаде съюз с Германската империя и Австро-Унгария. Това означаваше пълна промяна в предишната им съюзническа насоченост срещу Османската империя, исторически враг на България. Въпреки това, зад тази неочаквана промяна на съюзите се криеше стратегически мотив. България вече нямаше териториални претенции срещу Османската империя и вместо това нейните оплаквания бяха насочени срещу Сърбия, Гърция и Румъния. Тези три държави, които бяха съюзници на Британия и Франция, в момента окупираха земи, които българите считаха за правомерно български.

През първата година на Първа световна война, България се фокусираше върху възстановяването след Балканските войни и не активно участва в текущите конфликти. През това време Германия обеща да възстанови границите, определени в Санстефанския мирен договор, което би благоприятствало България. Използвайки възможността, България, разполагаща с най-голямата армия в Балканите, обяви война на Сърбия през октомври 1915 г. В отговор, Британия, Франция и Италия нямаха друг избор, освен да обявят война на България, тъй като трябваше да почетат съюзите си със Сърбия и да защитават своите интереси в региона.

Това решение за съюз с Централните сили бе съществена промяна за България. То не само разтегна връзките й с бивши съюзници, но и засили вече сложната динамика в региона. Последиците от пренасочването на България ще се усетят не само по време на Първа световна война, но и след края на конфликта, когато геополитическата картина на Балканите пртърпи значителни промени.

В крайна сметка, преместващите се съюзи и напрежението в Европа имаха силно въздействие върху траекторията на България през този период. Страната се оказа заловена между своите исторически врагове, Османската империя, и съюзниците на своите съперници, които окупираха български земи. Тези обстоятелства, заедно с обещанията на Германия, доведоха България до съдбоносно решение, което ще определи нейната роля в Първа световна война и последващите взаимоотношения със съседните нации.

В съюз с Германия, Австро-Унгария и Османската империя, България започна военна кампания, която постигна първоначални успехи срещу Сърбия и Румъния.

Българските сили заети значителни части от Македония и продължиха напред към гръцката Македония, като накрая превзеха Добруджа от Румъния през септември 1916 г. Въпреки тези военни победи, войната се сблъска с голямо непопулярност сред българското население по различни причини. Хората в България претърпяха сериозни икономически затруднения в резултат на конфликта. Освен това значителен фактор, допринасящ за тяхното неудовлетворение, беше моралната дилема да се борят заедно със своите събратя православни християни в съюз, който включваше предимно мюсюлманската Османска империя.

Силното противопоставяне на войната, особено по религиозни основи, доведе до заточаването на Александър Стамболийски, лидера на Земеделската партия, който открито критикуваше войната по тази причина.

Ефектите от Руската революция, която започна през февруари 1917 г., силно отразиха в България. Антивоенните и анимонархични настроения се разпространяваха сред войските и градското население. Революцията засили неудовлетворението и противопоставянето на войната в страната.

През 1918 г. България претърпява решително поражение във войната, което доведе до значителни загуби, с над 90 000 убити български войници. След отречението на краля Фердинанд, неговият син Борис III поема трона. С цел да облекчи напрежението и да създаде помирение, Борис III освобождава Стамболийски от затвора. През юни същата година правителството на Радославов е принудено да подаде оставка поради неспособността си да справя се с вътрешните и външни проблеми на страната.

Така завършва участието на България в Първа световна война. Войната има сериозни последици за страната, като тя бива принудена да се откаже от значителни територии и да плати високи репарации. Това създава основата за политически и социални промени в следващите десетилетия в България.

## Васил Радославов

## Сцена от Първата световна война

## Цар Фердинанд

# Глава 11 - между двете войни (1918-1939)

През периода между две световни войни България се сблъска с множество предизвикателства, както вътрешни, така и външни. Един от основните вътрешни конфликти беше продължаващата борба за власт между различни политически фракции. Александър Стамболийски, известна политическа фигура, изигра важна роля в формирането на политическата картина на България по време на този период.

С цел да стабилизира страната, Стамболийски състави коалиционно правителство, включващо демократи и либерали. Тази коалиция се стремеше да се справи с належащите проблеми, с които се бореше България, включително заплахата от комунистическа революция. Комунистите организираха обща стачка, която представляваше значително предизвикателство за правителството. В отговор на това, правителството на Стамболийски предприема репресии, успешно предотвратявайки комунистическата революция през януари 1920 г.

Освен това българското правителство призна, че е необходима комплексна земеделска реформа, за да се справи със социалните и икономическите неравенства. През юни 1920 г. влиза в сила Законът за земеделската реформа, който включва продажбата на излишни имоти, включително земи, принадлежащи на манастири, на селскостопански работници. Тази инициатива имаше за цел да разпределите земята по-равномерно сред селското население и да облекчи някои от икономическите затруднения, пред които беше изправена страната.

Въпреки това, икономиката на България все още се сблъскаше със значителни затруднения през този период. Страната беше обременена с плащането на репарации на съседните страни в резултат на участието си в Първа световна война. Освен това, България, като много други нации, преживява общата следвоенна депресия, която допълнително влошава икономическия растеж и стабилността.

Друго предизвикателство за България беше процесът на реинтеграция на бежанци и войници в икономиката на страната. Връщането на преместените лица допълни тежестта върху ограничените ресурси и създаде сериозни социално-икономически предизвикателства. Тъй като България беше предимно земеделска страна, тези проблеми бяха различни по своята природа от предизвикателствата, пред които стояха по-индустриализираните страни в Централна Европа.

Въпреки многобройните трудности, усилията на правителството на Стамболийски да създаде коалиция, да потисне заплахата от комунизма и да извърши земеделска реформа демонстрират ангажираността му да се справи с вътрешните конфликти и социално-икономическите различия в страната. Тези инициативи бяха важни стъпки към постигане на стабилност и създаване на по-справедливо общество в България между двете световни войни.

В началото на 1920-те години България се сблъсква с поредица от политически и икономически предизвикателства, които белязват период на нестабилност и раздори. През 1920 г., България се присъединява към Обществото на нациите, с надеждата да подобри международното си положение и да насърчи по-добри отношения със съседните страни. Под ръководството на премиера Александър Стамболийски, България полага усилия да засили дипломатическите си връзки и да насърчи регионалното сътрудничество.

Въпреки това през 1923 г. политическите маневри на Стамболийски вземат спорен обрат. Като променя изборния закон, за да подкрепи своята партия, той манипулира изборните резултати в своя полза, което води до силно противопоставяне от различни групи. Това води до заговор и държавен преврат на 9 юни 1923 г., който завършва с свалянето на Стамболийски. Загадъчно, той е линчуван от Михайловисти, дясноориентирана организация, което още повече задълбочава политическото разделение в страната.

След преврата, на власт идва ново коалиционно правителство под ръководството на Александър Цанков. Въпреки това, през това време България се изправя пред вълна от комунистически действия, включително бомбардировката на софийската катедрала "Света Неделя" през 1923 г. и опит за убийство на цар Борис III през 1925 г. Като отговор, беше обявено военно положение, а комунистическата партия беше забранена, което доведе до задържането на комунистически активисти.

Сред тези бурни години България се сблъсква и с предизвикателство - вторжение от Гърция. Въпреки това, Обществото на нациите бързо осъжда гръцкото вторжение, и гърците оттеглят войските си. Въпреки тази международна подкрепа, България се бори да стабилизира политическата си ситуация.

Текойова държавната нестабилност започва да се успокоява със сменяне на Андрей Ляпчев през 1926 г. на поста министър-председател и започването на мерки за намаляване на напрежението и сдържане на десницата. Това обаче е само временно, тъй като следващите години са още един период на политически конфликти и нестабилност в България.

В цялостна перспектива, периодът между две световни войни в България е отличен с политическа и икономическа нестабилност, разделение и предизвикателства. Вътрешните конфликти, заплахата от комунизма, реинтеграцията на бежанци и икономическите затруднения доминират над политическата сцена. Въпреки това, в този период се предприемат и някои важни стъпки към социални и икономически реформи, които имат дългосрочен ефект върху развитието на страната.

Превратът през 1934 г. не срещна обществено подкрепа от страна на другите политически партии, но тяхното противопоставяне се оказа безполезно пред добре организирания военно подкрепен преврат. Освен това, самите заговорници не бяха особено популярни и се ползваха главно от подкрепата на армията, за да наложат своята власт.

След успешния преврат новото правителство под ръководството на министър-председателя Кимон Георгиев предприе бързи действия. Конституцията беше спряна, амбициозна програма за централизация и рационализация беше въведена с цел да се справи с властващата криза. Тази стратегия целеше оптимизирането на управлението и повишаването на ефективността в различните сектори на страната.

Въпреки това, управлението на военните офицери беше относително краткотрайно. След само девет месеца на власт, цар Борис III на България пое по-значителна роля и прие политиките на своя баща, управлявайки директно над нацията. Това отбелязва значителна промяна в политическия пейзаж и обозначава намаляващото влияние на военно подкрепеното правителство.

Важно е да се предостави контекст за България по това време. През 1934 г. страната имаше население от около 6 милиона души. Сред населението се открояваха значителни малцинствени групи, като турците, които броиха около 600 000 души, циганите с общо 81 000 души и евреите с около 28 000 души. Най-големите градове в България по това време бяха София - столицата с население от 287 095 души и Пловдив - вторият по големина град с около 100 000 жители.

Превратът в България през 1934 г. остави трайно въздействие върху политическия пейзаж на нацията и показа сложността на борбата за власт по това време. Събитията около преврата разкриха наличието на дълбоки идеологически разделения и деликатен баланс между военните сили, политическите партии и монархията.

Периодът между Първата и Втората световна война в България се характеризира със значителна политическа нестабилност и променящи се събития, които определиха траекторията на страната. След края на Първата световна война през 1918 г., България се оказа пред лицето на последствията от поражението и загубата на територии. При такава обстановка през 1919 г. беше установена диктатура под ръководството на Александър Стамболийски, който цели да въведе аграрни реформи и да провежда политика на сближаване със съседните страни.

Въпреки това режимът на Стамболийски се изправи пред опозиция от страна на различни фракции в България, включително военните и консервативните елити. Тази вътрешна борба накрая доведе до преврат през 1923 г., който доведе до свалянето и убийството на Стамболийски. Следващите години бяха период на политически смут и променящи се алианси, докато различни фракции се бореха за власт.

През 1925 г. България изпита още потресения, когато Гърция предприе военна инвазия поради териториален спор в региона на Тракия. Конфликтът се разраства до пълномащабна война, но международната намеса на Лигата на нациите, предшественика на Организацията на обединените нации, помогна да се постигне решение. В крайна сметка Гърция беше призната за отговорна

за конфликта, а териториалният спор беше решен в полза на България.

Във време на тези политически и военни предизвикателства цар Борис III, владетелят на България, се стремеше да укрепи властта си и да установи по-стабилен режим. През 1934 г. той въведе кралска диктатура с цел да възстанови реда и контрола в страната. Въпреки това новият режим не беше без критици.

Определени фракции в България, като активистите от Звено и Военният съюз, имаха републикански възгледи и носеха антимонархични настроения. Тази идеологическа разделеност накара цар Борис III да бъде тревожен за потенциалните последици от преврат. В резултат на това той разчиташе на верни офицери от Военния съюз, за да гарантира своята власт. През януари 1935 г. с подкрепата на тези офицери, царят принуди министър-председателя Кимон Георгиев да се откаже и назначи Петър Златев на неговото място.

Кралската диктатура под управлението на цар Борис III продължи до 1944 г., създавайки продължителен период на политическа стабилност в България, въпреки че под автократично управление. Страната търсеше поддържане на дипломатически отношения със Съветския съюз и установи официални връзки на 23 юли 1934 г. Въпреки това продължаващите напрежения между монархистите и републиканците, както и по-широката геополитическа обстановка в Европа, продължиха да формират политическата траектория на България в преддверието на Втората световна война.

Като цяло, междувоенният период в България беше отбелязан със силно политическо напрежение, характер изиращо се с превратни опити, териториални спорове и установяването на кралска диктатура. Тези събития имаха дълбоки последици за вътрешната динамика на страната и нейната роля на международната сцена, слагайки основите за предизвикателствата, които ще възникнат по време на Втората световна война и след нея.

Андрей Ляпчев

Александър Стамболийски

**Цар Борис III**

**Полковник Кимон Георгиев**

# Глава 12 - втора световна война (1939-1945)

През Втората световна война България се изправи пред трудни решения, докато се опитваше да се справи с бушуващия политически пейзаж на времето. Цар Борис III, който управляваше България, симпатизираше към Германия и вярваше, че съюзът с тях ще бъде най-доброто решение за страната му. През 1941 г. България обяви вярност на Германия и се присъедини към тях.

В съответствие с този съюз, България позволи на своята територия да бъде използвана като база за германски войници, осигурявайки път за достъп на Германия до Гърция и Югославия. В замяна България придоби допълнителни територии в югославска Македония, както и части от гръцката Тракия и Македония. Този пасивен съюз с Германия изглежда донесе значителни ползи за България, укрепвайки нейната позиция в състава на Остошеството.

В съответствие със своята алегория с Германия, България също обяви война на Съединените щати и Великобритания през декември 1941 г. Това действие беше резултат от съюзническото споразумение с Германия и участието на България в международния антикомунистически пакт "Анти-Коминтерна", който беше подписан само месец по-рано. Въпреки че Съветският съюз се считаше за враг поради своя съюз с Германия, България никога не обяви война на Съветския съюз.

Смъртта на цар Борис III през 1943 г. бележи съществена промяна в политическата обстановка, като връзките на България с Германия останаха непокътнати през останалите години на войната. Въпреки променящата се динамика и предизвикателствата, България запази своето прогерманско политическо насочване и, ако нещо, връзката с Германия стана по-силна.

През цялата война България се изправи пред сложни обстоятелства и трудни избори. Решението й да се съюзи с Германия и да се присъедини към Остшеството беше диктувано от желанието й да защити националните си интереси и да гарантира своето оцеляване в бурното време. Въпреки това е важно да се отбележи, че участието на България във войната беше сложен въпрос, а действията й бяха влияни от различни фактори, включително политически съображения, стратегически изчисления и геополитическата й позиция в Балканите.

Ранните етапи на войната донесоха усещане за несигурност и загриженост в Германия, тъй като стана все по-очевидно, че страната вървеше по опасен път към поражение. Тази реализация имаше дълбоко влияние върху хората в България, нация, която се бе съюзила с Германия в ранните етапи на конфликта. С нарастващото се отчаяние за Германия стана ясно както на обществото, така и на лидерите на България, че поддържането на прогерманско отношение би довело само до тяхната собствена гибел.

Под натиск от вътрешни и международни сили, прогерманското правителство в България се оказа постепенно губеща подкрепа и се изправи пред неминуемата заплаха от колапс. Желанието да се отдалечат от провалящата се Германия стана не само популярно настроение, но и стратегическа необходимост за страната. В този критичен момент държавният преврат се превърна в най-приемливия начин за промяна в лидерството и пренасочване на интересите на България.

Въпреки това ситуацията беше далеч от проста. Съюзническите сили, осъзнавайки асоциацията на България с Германия, започнаха да насочват разрушителни бомбардировки върху столицата на България, София. Разрушителните последствия от тези атаки служеха като ясно напомняне, че Германия не може да осигури защита и сигурност, които България отчаяно се нуждаеше. Страхът от отплата от германските войски, заедно с наличието на германски съкровищници за боеприпаси, особено по Черноморското крайбрежие, добавяха към сложността на ситуацията.

Прекъсването на връзките със провалящата се Германия беше деликатен и сложен процес. Българското ръководство трябваше да се движи по извратен път, като балансира желанието за самозапазване на страната с потенциалните рискове от прекъсване на връзките с Германия. Абсолютно прекратяване на връзките с Германия не беше осъществима опция поради реалните опасения за възмездие от оккупационните германски сили.

Вместо това се прие внимателен и измерен подход. Превратът не само целише свалянето на прогерманското правителство, но се стремеше да установи ново лидерство, което може да умело преговаря оттеглянето на България от Германия, без да провокира допълнителна агресия или да застраши нацията. Това изискваше деликатно танцуване на дипломацията, тайни преговори и внимателно обмисляне на владеещите обстоятелства.

Процесът на промяна в лидерството на България и преориентиране на националните интереси отнемаше време и усилия. В крайна сметка, през 1944 г. превратът прогони прогерманското правителство и води до формирането на ново антифашистко правителство. Това ново правителство насочи България към преговори за прекратяване на войната и се отдалечи от Германия. През 1944 г. България обяви война на Германия, а през същата година съветските войски влязоха на българска територия, помагайки в освобождаването на страната от германската окупация.

Въпреки че България промени своето политическо насочване през Втората световна война и се отдалечи от Германия, участието й във войната все още остава спорен и сложен въпрос. Докато някои гледат на България като на страна, която се опитва да защити своите интереси и да оцелее в трудните времена, други я критикуват за сътрудничество с нацистка Германия. Историческите оценки и тълкувания на участието на България във Втората световна война продължават да бъдат предмет на дебат и анализ.

**Цар Борис III с Адолф Хитлер**

**Български войници по време на Втората световна война**

# Глава 13 - народна република (1944-1989)

В политическата среда на Източна Европа след Втората световна война настъпиха значителни промени в ръководството на Русия и България. Йосиф Сталин, известна фигура в съветската политика, пое водачеството в Русия, докато Георги Димитров, който беше живял в изгнание в Съветския съюз от 1923 г., се завърна триумфално в България. Въпреки това, обстоятелствата около внезапната му смърт през юли 1949 г. в Москва остават покрити с тайна, като се подозира за извършено убийство, въпреки че не са представени конкретни доказателства, подкрепящи това твърдение.

Времето на смъртта на Димитров съвпада с решението на Сталин да изключи Йосип Броз Тито от Коминформа, съветската организация, насочена към координиране на дейностите на комунистическите партии по света. Димитров, който беше известен с дипломатическите си умения, провеждаше преговори за създаване на комунистически съюз сред балканските страни, което представляваше потенциално предизвикателство за властта на Сталин. Ненавременната смърт на Димитров не само попречи на тези усилия, но и отбеляза началото на облава срещу титоисти в България.

След смъртта на Димитров заместник-премиерът на България Трайчо Костов стана цел на нововъзникващия сталинистки режим. Той беше обвинен в симпатии към титоизма и по-късно беше екзекутиран. Загубата на Димитров и чистките срещу Костов допълнително засилиха захвата на екстремната сталинистка фракция в

България. През 1950 г., след смъртта на стария Васил Коларов, властта преминава в ръцете на Вълко Червенков, решителен поддръжник на сталинистката идеология.

Червенков не загубва време и започва да прилага сталинистките политики в България. Дипломатическите отношения със Съединените щати биват внезапно прекъснати, което по-тясно асоциира страната със Съветския съюз и комунистическите му съюзници. Процесът на индустриализация се ускорява, с акцент върху тежката промишленост, докато земеделието преминава през колективизационни усилия. Всякакво съпротива или бунтове от страна на земеделците се подавят бързо, за да се запази централизираното управление, задумано от сталинисткия режим.

Въпреки първоначалния ентусиазъм на сталинизма в България, този период на екстремно авторитарно управление продължава по-малко от пет години. Вътрешните борби за власт, заедно с растящото недоволство сред българското население, в крайна сметка довеждат до отстраняването на Червенков от поста през 1956 г. Неговото отстраняване отбелязва началото на по-умерен период в политиката на България, като следващите лидери насочват страната към по-гъвкав и по-независим път в рамките на съветския блок.

В ретроспектива, епохата на сталинизма в България служи като напомняне за волатилния характер на политическите преходи и борбите за власт, които характеризираха следвоенната източноевропейска среда. Внезапните смърти на Георги Димитров и Трайчо Костов, заедно с последващите репресивни политики, оставят неизгладим отпечатък в историята на нацията, напомняйки ни за сложната взаимодействие между идеологията, властта и човешките животи.

През периода преди 1953 г., България преживява значителни предизвикателства и промени под комунистическия режим. Около 12 000 души, определени като бунтовници, са принудени да преминават през трудови лагери, като средство за потискане на недоволство и поддържане на контрол. Патриархът на Православната църква, изявена религиозна фигура, е затворен в манастир, а самата Църква е поставена под строга държавна контрол, ограничавайки нейното влияние.

Турското малцинство в България се изправя пред преследване по време на този период, което допринася за още по-големи напрежение и разделения в страната. Освен това, граничните спорове с Гърция и Югославия отново се възпламеняват, допълнително усложнявайки външните отношения на България.

Георги Димитров, изявена комунистическа личност, притежаваше значителна власт в Българската комунистическа партия (БКП) по време на този период. Въпреки това, след смъртта на Йосиф Сталин през 1953 г., подкрепата към Димитров в рамките на партията се ограничава все повече. В резултат на това той не успява да запази своята позиция и през 1953 г. бива отстранен от власт.

През 1954 г. на власт изниква ново ръководство в Москва, и с тяхното одобрение Тодор Живков, млад и предан член на БКП, поема ролята на Партиен секретар, замествайки Димитров. Въпреки тази промяна, Димитров остава на поста на министър-председател до април 1956 г. Антон

Югов го наследява на тази функция и остава на върха на правителството до 1962 г.

След падането на комунистическия режим през 1989 г., България преминава през период на демократизация и преход към пазарна икономика. Въпреки предизвикателствата и трудностите, страната постепенно се развива и променя, като става член на Европейския съюз през 2007 г.

Това е кратко описание на епохата на сталинизма в България, която се характеризира с авторитарно управление, репресии и ограничения върху свободата на народа.

В същото време Михаил Горбачов пое властта в Съветския съюз и инициира революционна реформна програма. Ветровете на промяната започнаха да се разнасят в източните блокови страни, включително България, където остарелият и закоренял комунистически ръководство се бореше да се противопостави на вълната. Въпреки това те успяха да се задържат на власт до неизбежността на реформата, която ги принуди да се откажат от контрола.

В България вълната на промяната беше катализирана през ноември 1989 г. Първоначално демонстрациите се фокусираха върху екологични въпроси, известни като "Зелените въпроси", които се провеждаха в столицата София. Тези протести обаче бързо се превърнаха в по-широка кампания за политическа реформа. Беше различно "сила на народа", която отбеляза падането на Народна република България и края на комунистическото господство в страната.

Комунистическата партия нямаше друг избор, освен да реагира бързо на тези движения от дъното. Те отстраняват Тодор Живков от властта и го сменят с Петър Младенов, който беше външен министър. Тази промяна в ръководството предостави само временно облекчение на Комунистическата партия. Това беше само капка в океана, неспособна да спре вълната на революционна промяна, която обхващаше България.

Събитията в България бяха част от по-голямата историческа трансформация, която се разиграваше в източна Европа. Политиките на Горбачов за гласност (откритост) и перестройка (преструктуриране) имаха силно въздействие в региона, като насърчиха стремежа за политически и социални реформи. Падането на Берлинската стена през 1989 г. символизираше разрушаването на Желязната завеса и разпадането на сферата на влияние на Съветския съюз.

В България свалянето на Тодор Живков беше преломна точка, която отвори пътя за нова ера на демокрация и свобода. Следваха значителни политически и икономически промени в следващите години, докато страната търсеше нова позиция в посткомунистическия свят. Пътуването към демократична България беше предизвикателно, с множество препятствия и неуспехи. Въпреки това, събитията през 1989 г. задвижиха поредица от трансформации, които в крайна сметка преобразиха нацията и нейните отношения с международната общност.

През ранните 1990-те години се случи значителен прелом в политическия пейзаж на България, когато Комунистическата партия направи важното решение да доброволно се откаже от абсолютната си власт. Това беше преломен момент в историята на страната, който откриваше пътя за изникването на демокрацията и постепенното прекратяване на комунизма в България.

След тази променлива преходна фаза, няколко месеца по-късно България проведе първите свободни избори след 1931 г. Въвеждането на демократични принципи и възможността за участие на населението в изборния процес бяха значими вехи за страната. Това представляваше ново начало, пълно с надежда и обещание за българския народ, който с радост прие новопридобитите свободи и възможността за демократично бъдеще.

Въпреки това, докато България се отправи по пътя на икономическите реформи и приватизацията, възникнаха непредвидени предизвикателства. Един от основните проблеми, които изникнаха, беше ширещата се корупция, която проникна в различни сфери на обществото. Процесът на приватизация на икономиката отдаваше възможности на нечестни лица да злоупотребяват с празнотии и да се занимават с незаконни дейности за лична печалба.

За съжаление, последиците от тази корупция имаха дълбоко въздействие, водещо до масово емигриране на над 800 000 българи. Сред тези, които избраха да напуснат страната, бяха много от най-квалифицираните професионалисти, представляващи елита на българската работна сила. Тези хора, разочаровани от ширещата се корупция и негативните последици за икономиката и обществото, потърсиха по-добри перспективи и възможности в чужбина.

Емиграцията на толкова голям брой квалифицирани работници имаше профундно въздействие върху България. Страната изпита значително изтичане на умни хора, като загуби ценни човешки ресурси, от които зависеше за развитието и напредъка си. Заминаването на тези квалифицирани професионалисти остави празнина в ключови сектори като медицината, инженерството, академичната сфера и различни други индустрии, което влоши възможностите на България да преуспява и конкурира на световната сцена.

Освен това, загубата на тези талантливи хора имаше по-широки обществени последици. Емиграцията на образованата работна сила представляваше загуба на знания, експертиза и иновации, които иначе биха допринесли за напредъка на българската икономика и социална структура. Това беше задълбочено от факта, че много от емигрантите бяха млади хора, които имаха потенциал да допринесат за бъдещето на страната.

Въпреки тези предизвикателства, България направи значителен напредък през последните десетилетия. Страната стана член на Европейския съюз през 2007 г., което подчерта неотдавнашните усилия на страната за интеграция и реформи. Въпреки че има още предизвикателства за преодоляване, България насочва усилията си към подобряване на правовата държава, борба с корупцията, насърчаване на икономическия растеж и подобряване на качеството на живот на гражданите си.

Георги Димитров

**Тодор Живков с Брежнев**

**Михаил Горбачов**

# Глава 14 – 21-ви век и нато

В периода между 1997 и 2001 година България преживя значителни промени в икономическия и политическия си пейзаж. През този период страната въведе валутна бордова система и завърши приватизацията на икономиката си. Освен това българо-американските отношения преживяха забележително подобрение, характеризирано с увеличено политическо доверие и уважение.

Важна фигура, която изниква по време на този период, е Симеон Сакскобургготски, бившият цар на България. След връщането си в политическата арена през 1996 година, Симеон успешно създаде коалиция между своето партия, Национално движение "Симеон Втори" (НДСВ), и Движение за права и свободи (ДПС).

На парламентарните избори на 20 юни 2001 година НДСВ излезе победител, осигурявайки 120 от 240-те места в парламента. Партията получи почти два пъти повече гласове от Съюза на демократичните сили (СДС), затвърждавайки своята позиция като изразителна политическа сила. Симеон Сакскобургготски, някогашният цар на нацията, сега се оказа в ролята на министър-председател, факт, който често се посочва като забележителен въпрос за обща информация, олицетворяващ неговия уникален път.

По-късно през същата година, важен момент за България беше изборът на Георги Първанов за президент. Той стана първият президент в съвременността, който беше избран за втори мандат, като това символизираше нарастващата стабилност и демократичен напредък в страната.

Като цяло, периодът между 1997 и 2001 година бележи преобразителна фаза в историята на България. Въвеждането на валутната бордова система и завършването на икономическата приватизация показват ангажимента на страната към икономическа стабилност и либерализация. Едновременно подобрените българо-американски отношения демонстрират заздравяващите дипломатически връзки между двата народа. Възходът на Симеон Сакскобургготски и неговата последваща роля като министър-председател, заедно с президентската преизбиране на Георги Първанов, отразяват развиващия се политически пейзаж и нарастващото доверие и увереност, положени в техните лидерски качества.

България играеше значителна роля във войната срещу Ирак през 2003 година, която се характеризираше с поредица от политически промени в страната. През този период България видя възхода и падението на осем различни правителства, включващи елементи от крайната левица, крайната десница, центъра и различни комбинации от тези политически идеологии.

През 2004 година встъпването на България в НАТО означи преломна точка в нейната история, донесейки ново чувство на стабилност за нацията. Това членство не само засили сигурността на България, но и представляваше стъпка към по-тясна интеграция с международната общност.

Все пак, три години по-късно, през 2007 година, България изпита по-забележимо чувство на стабилност.

Предходните години, преди встъпването на България в НАТО през 2004 година, бяха трудни както за страната, така и за нейните граждани. Политическата и икономическа нестабилност бяха често срещани проблеми през този период. През XX век България преживя множество промени в своята инфраструктура, често се сблъсквайки с трудности при установяването на стабилност.

С встъпването в НАТО и последващото присъединяване към Европейския съюз, България видя възможността за дългоочакваната стабилност, която гражданите й жадуваха. Интеграцията с тези международни институции не само донесе чувство на сигурност, но и положи основите за необходимите чуждестранни инвестиции в страната.

През 2005 година Сергей Станишев, член на Българската социалистическа партия (БСП), пое длъжността на министър-председател. Той изигра важна роля в насочването на България към по-тясна европейска интеграция. Въпреки първоначалната си популярност, Станишев се сблъска с нарастващо недоволство към края на мандата си, което най-сетне завърши с изборите на 27 юли 2009 година.

Като цяло, периодът преди встъпването на България в НАТО и последващото присъединяване й към Европейския съюз е отбелязан от значителни политически, икономически и социални промени. Тези промени имаха за цел да донесат стабилност на България и да привлекат чуждестранни инвестиции, обещавайки по-светло бъдеще за страната и нейните граждани.

За новото поколение българи идеята за мястото на България в Европа е изпълнена с вълнение и очакване за прекрасните времена, които идват. Страната предлага новооткрито чувство на свобода, позволяващо на хората да изразяват мислите и мненията си без страх от преследване. Освен това, българите сега имат свобода на движение в рамките на Европейския съюз, което отваря нови възможности за работа, образование и пътуване.

еорги Първанов

**Симеон Сакскобургготски**

**Сергей Станишев**

## Глава 15 – една европейска българия

През 2007 година България най-накрая постигна дългоочакваната миля, като стана част от Европа. Пътят към това значимо събитие беше отбелязан с множество компромиси и предизвикателства, които оставиха част от българите с усещането, че една част от душата на тяхната страна беше отнета. Въвеждането на определени мерки, като таксата за ракия, заплашваха да намалят духа на България. Въпреки това, решението за присъединяване към Европейския съюз беше определено необходимо, за да се постигне стабилна икономика и да се бори с корупцията, дълбоко закоренена в политическата система на страната.

За България пътят към членството в Европейския съюз не беше лесен. Той изискваше обширни преговори и ангажимент за провеждане на значителни реформи в различни сектори на страната. Присъединяването към ЕС беше видяно като ключова стъпка към насочване на България в съответствие с демократичните ценности и икономическите стандарти, поддържани от европейската общност. Въпреки че някои българи изразяваха загриженост относно загубата на част от националния им идентитет, мнозина признаваха, че това е необходим жертвопринос, за да се възползват от възможностите и ползите, които членството в ЕС може да донесе.

Една от основните причини зад решението на България да се присъедини към ЕС беше належащата необходимост да се справи със завладяващата корупция, която обезсърчаваше политическата обстановка в страната.

Ставаше очевидно, че без външна подкрепа България ще се изправи пред огромни предизвикателства в ефективното справяне със задълбочената корупция в своите институции. Членството в ЕС предлагаше възможност за въвеждане на по-строги регулации, установяване на прозрачни управленски системи и насърчаване на отчетност на всички нива на правителството.

Освен това, интеграцията в Европейския съюз предостави на България достъп до по-голям пазар и увеличени чуждестранни инвестиции. Страната вече можеше да използва обширните ресурси и възможности, налични в ЕС, за насърчаване на икономически растеж и стабилност. Членството в ЕС също така означаваше, че България може да се възползва от експертната помощ на европейските си партньори в различни сектори, включително развитие на инфраструктурата, земеделието и образованието.

Въпреки първоначалните загрижености и възприетата загуба на национален суверенитет, мнозинството от българите постепенно признаха потенциалните предимства на членството в ЕС. Европейският съюз служеше като катализатор за положителни промени, отблъскващи България към по-голяма прозрачност, ефективност и добро управление. Борбата с корупцията стана приоритет, и бяха положени усилия за засилване на принципите на правовата държава и създаване на здрави институции, способни да защитават демократичните ценности.

В годините след присъединяването на България към ЕС, страната направи значителни стъпки към икономическо развитие и политическа стабилност. Чуждестранните инвестиции се влееха, стимулирайки създаването на работни места и подпомагайки промишлеността. Българските граждани започнаха да изпитват осязаемите ползи от членството в ЕС чрез подобрени жизнени условия, подобрена инфраструктура и увеличени възможности за образование и пътуване.

Въпреки продължаващите предизвикателства в борбата с корупцията и преобразуването на политическата обстановка, Европейският съюз изигра важна роля в подкрепа на усилията на България. ЕС предостави финансова помощ, техническа експертиза и механизми за наблюдение, за да се гарантира съответствие с европейските стандарти. Страничността с европейските си партньори, България продължава да се стреми към по-прозрачно, отговорно и процъфтяващо бъдеще.

В ретроспекция, въпреки че решението да се присъедини към ЕС може да е изисквало от България да направи определени жертви, то в крайна сметка е прокарало пътя за по-светло и обещаващо бъдеще. Интеграцията на страната в Европа създаде здрава основа за прогрес и даде на българите надежда за нация, освободена от корупция, с процъфтяваща икономика и по-силно присъствие на международната сцена.

Хронологията, водеща до присъединяването на България към Европейския съюз, беше значим период в недавната политическа история на страната. Ето и събитията, които играха важна роля в пътя на България към членството в ЕС:

• 8 август 1988 г.: България установява дипломатически отношения с Европейското икономическо общество (ЕИО).

• 1 октомври 1991 г.: Започват предварителни разговори между България и ЕИО за подписване на Договора за Европа.

• 14/15 май 1992 г.: Първият кръг на преговори за асоцииране между България и ЕИО се провежда във Вашингтон.

• 22 март 1993 г.: България подава заявление за членство в Европейската общност.

• 19 декември 1994 г.: ЕИО предоставя на България статут на страна със статут на страна кандидатка за членство.

• 13 януари 1995 г.: Преговорите между България и ЕИО започват в Люксембург.

• 25 април 2005 г.: България и Румъния подписват присъединителния договор с ЕС.

• 1 януари 2007 г.: България официално става член на Европейския съюз.

След присъединяването си към ЕС, България продължава да работи в партньорство с другите държави-членки, за да укрепи демокрацията, стабилността и процъфтяването в страната.

# Глава 16 - "нова", но незадоволена българия

През последните години сред много по-възрастни българи, особено сред тези, които живеят извън големите градове, се разраства чувството, че влизането на страната им в Европейския съюз е в първостепенна степен ползотворно само за 10% от населението, докато останалите 90% се сблъскват със злощастни условия. Растящите цени на енергията, които са директна последица от членството в ЕС поради затварянето на две ядрени електроцентрали съгласно указанията на ЕС, доведоха до нарастващи цени на недвижимите имоти, жизнено необходими стоки и основни материали. Това, заедно с налагането на нови данъци, за да се хармонизират с регулациите на ЕС, и липсата на значителен ръст на доходите за повечето българи, доведе до широкоразпространено недоволство.

Преобладаващото мнение е, че тези вътрешни проблеми ще продължат да увеличават различията между богатите и бедните и да задълбочават разделението в българското общество. Въпреки това, България разполага с няколко предимни фактора, които биха могли да привлекат инвестиции и да благоприятстват страната като цяло. Развиващата се туристическа индустрия на страната, заедно със свързаните услуги, и нейните богати природни ресурси и благоприятен климат за производство на храни, имат значителен потенциал. Мнозина считат, че ползите от тези сектори следва да бъдат споделени равноправно сред всички българи. Въпреки това, по мярка като българите постепенно научават за ситуациите в другите държави-членки на ЕС, те ст ават все по-съмнителни относно вероятността това да се случи.

Текущата ситуация в България изобразява общество с две нива, главно разделено по генерационни линии. Младото поколение предвижда светло бъдеще за страната си, като приема възможностите, предоставени от членството в ЕС. От друга страна, по-възрастните поколения, преобладаващо живеещи в традиционна България, се сблъскват с трудности при приспособяването към промените, внесени от интеграцията в ЕС.

Неоспоримо, съвременната България е оформена от своето присъединяване към Европейския съюз. Сега страната има избрани представители, които служат като членове на Европейския парламент и застъпват българските интереси в сърцето на Европа. Въпреки това е стойностно да се отбележи, че само около третина от населението участва в изборите на тези политици. В резултат на това сред някои българи се усеща тревожност и скептицизъм относно бъдещето на страната им в рамките на ЕС.

През 2009 година партията ГЕРБ, водена от Бойко Борисов, бивш пожарникар и черен колан по карате, побеждава на парламентарните избори. Тази партия, с програма, фокусирана върху изкореняването на корупцията и създаването на по-тесни връзки с Европа, придобива популярност сред българските избиратели. В резултат на това България се намира в интересен и решаващ период от дългата и събитийна си история.

В общи линии, присъединяването на България към Европейския съюз е представило възможности и предизвикателства. Младото поколение гледа оптим

истично на бъдещето на страната, но съществува значително разделение между поколенията по отношение на възприятията и опитите им. Пътят напред за България в рамките на ЕС все още се издялва, а резултатът от това пътуване ще определи съдбата на нацията през годините.

**Бойко Борисов**

От 2010 година насам България се сблъсква с поредица от политически, икономически и социални предизвикателства, като в същото време постига забележителен напредък в различни области. Пост-2010 периодът на страната е отбелязан с комбинация от постижения и продължаващи борби.

Икономически България е преживяла постепенен растеж, въпреки че по-бавен в сравнение с някои от европейските й партньори. Страната е привлякла чуждестранни инвестиции, особено в сектори като информационните технологии, аутсорсинга и производството. Освен това, членството на България в Европейския съюз предоставя възможности за финансиране и облекчава търговията в Единния пазар. Въпреки това, проблеми като корупция, бюрокрация и липса на прозрачност са забавили пълния потенциал за икономическо развитие.

Политическата стабилност е повтаряща се загриженост през този период. Правителствата се сблъскват с предизвикателства при постигане на широка обществена подкрепа и отговаряне на изискванията на гражданите за по-голяма прозрачност, отчетност и прекратяване на корупцията. Широко разпространени протести през 2013 година акцентираха върху тези въпроси и доведоха до оставка на правителството и последващо формиране на временно управление. Необходимостта от продължаващи политически реформи за укрепване на демократичните институции и адресиране на оплакванията на населението остава непрекъснат приоритет.

България се сблъсква и със социални предизвикателства, включително емиграция и демографски спад. Икономическите неравенства между г

радските и селските райони продължават да съществуват, като се концентрират възможностите в големите градове, докато селските региони остават недоразвити. Освен това, мозъчният дренаж е сериозен проблем, като висококвалифицираните българи търсят по-добри възможности в чужбина. Намаляването на тези предизвикателства изисква съвместни усилия за създаване на по-инклузивна икономика, подобряване на социалните системи за социална помощ и осигуряване на възможности за младите българи в рамките на тяхна собствена страна.

През последните години България се сблъсква със задачи в областта на околната среда, особено по отношение на замърсяването на въздуха и управлението на отпадъците. Предприемат се усилия за адресиране на тези въпроси и преход към по-чисти източници на енергия, като същевременно се насърчава устойчивият туризъм и запазването на природните ресурси.

България претърпя значителна трансформация, преминавайки от силно централизирана планова икономика към пазарна система. Тази промяна утвърждава България като икономика със среден доход и солидно вкоренена в Европейския съюз. С присъединяването си към ЕС съществуваха големи очаквания, че жизненият стандарт ще бъде бързо повишен до средния за ЕС в относително кратък срок.

Първоначално България показа силен и бърз моментум в прилагането на реформи. Въпреки това, поредица от външни кризи, включително световната финансова криза, европейската дългова криза, пандемията от Covid

-19 и руската инвазия на Украйна, забавиха напредъка. Тези кризи доведоха до спад в чуждестранните инвестиции и забавяне на реформите, което отслаби стремежа на България към достигане на доходи, сравними с тези в ЕС.

България се сблъсква със структурни предизвикателства, включително отрицателни демографски тенденции и слабости в институционалната и управленската сфера. Институциите на страната имат пропуски, които се проявяват в неоптималното предоставяне на обществени услуги. Това пречи на разширяването на частния сектор, подкопава инклузивния растеж и ограничава споделеното благосъстояние. Високите нива на неравенство на възможността влошават проблема, ограничавайки достъпа до важни обществени услуги и затруднявайки способността на отделните лица да избягат от бедността. В rezultat, неравенството на доходите остава постоянно високо.

Недостатъците в насочването, покритието и генерозността на системата за социално осигуряване подсилват бедността и неравенството. Тези недостатъци ограничават ефективността й като механизъм за преразпределение, ограничавайки й роля в адресирането на социално-икономическите различия. За преодоляване на тези предизвикателства България трябва да се справи с институционалните слабости, да подобри предоставянето на обществени услуги и да подобри ефективността на системата за социално осигуряване. Така страната може да насърчи инклузивен растеж, да намали бедността и да насърчи по-голямо равенство на възможностите за своите граждани.

Владетели на България:

**Хан Аспарух**          681-700
Аспарух е основател и първи владетел на Първата българска държава.

**Хан Тервел**          700-718
Тервел е известен с военните си успехи и съюза с Византийската империя срещу арабските нашественици.

**Хан Крум**          803-814
Крум разшири българските територии и победи византийците в битката при Плиска през 811 година.

**Хан Омуртаг**          814-831
Омуртаг е мъдро правител, известен с административните си реформи и развитието на културата.

**Хан Борис**          852-889
Борис I се превърна в християнин и прие християнството като официална религия на България.

**Цар Симеон I**          893-927
Симеон I разшири българската империя до най-голямото й териториално разпространение и управлява по време на период на културно и образователно разцветяване.

**Цар Петър I**          927-969
Петър I управлява по време на период на спад за Българската империя, като тя териториално губи на сметка на Византия.

## Цар Самуил                997-1014

Самуил воюва с Византийската империя, но накрая бива победен, което довежда до падането на Първата българска държава.

## Иван Владислав           1015-1018

Иван Владислав кратковременно възстановява българската независимост, но Втората българска империя пада под византийско владичество през 1018 година.

## Цар Калоян               1197-1207

Калоян успешно води въстание против византийското владичество и установява Втората българска империя.

## Цар Иван Асен II          1218-1241

Иван Асен II разширява българските територии и постига период на благоденствие и културен растеж.

## Цар Иван Александър       1331-1371

Иван Александър управлява по време на период на политическа нестабилност и конфликти със съседни сили.

## Цар Иван Шишман           1371-1395

Иван Шишман е последният владетел на Втората българска империя преди нея да попадне под османско владичество.

## Цар Фердинанд             1908-1918

Фердинанд I става първият монарх на съвременна България след освобождението на страната от османското владичество.

**Цар Борис III          1918-1943**
Борис III управлява по време на бурен период, включително Първа световна война и установяването на комунистически режим след смъртта му.

**Цар Симеон II          1943-1946**
Симеон II е последният монарх на България преди страната да стане социалистическа република.

ЗАБЕЛЕЖКА:

България прекратява своята монархия и става република през 1946 година.

Министри-председатели на България:

| Име | Мандат в офиса |
|---|---|
| Тодор Бурмов | 1879 |
| Драган Цанков | 1880-1881 |
| Петко Каравелов | 1883-1884 |
| Стефан Стамболов | 1887-1894 |
| Димитър Греков | 1894 |
| Константин Стоилов | 1894-1899, 1901-1902, 1903-1906, 1909-1911 |
| Димитър Петков | 1899-1901 |
| Александър Малинов | 1902-1903, 1918 |
| Васил Радославов | 1906-1909, 1913-1918 |
| Рачо Петров | 1911-1913 |
| Александър Стамболийски | 1919-1923 |
| Александър Цанков | 1923 |
| Александър Малинов | 1923-1926 |
| Андрей Ляпчев | 1926 |
| Стефан Цанков | 1926-1931 |
| Пенчо Златев | 1931 |
| Кимон Георгиев | 1934-1935 |
| Георги Кьосеванов | 1935-1940 |
| Богдан Филов | 1940-1943 |
| Добри Божилов | 1943-1944 |
| Константин Муравиев | 1944 |
| Кимон Георгиев | 1944-1946 |
| Георги Димитров | 1946-1949 |
| Васил Коларов | 1949-1950 |
| Вълко Червенков | 1950-1956 |
| Антон Югов | 1956-1962 |
| Тодор Живков | 1962-1971 |
| Станко Тодоров | 1971-1981 |
| Гриша Филипов | 1981-1986 |
| Георги Атанасов | 1986-1990 |

| | |
|---|---|
| Андрей Луканов | 1990 |
| Димитър Попов | 1990 |
| Филип Димитров | 1991-1992 |
| Любен Беров | 1992-1994 |
| Ренета Инджова | 1994 |
| Жан Виденов | 1995-1997 |
| Стефан Софиянски | 1997 |
| Иван Костов | 1997-2001 |
| Симеон Сакскобургготски | 2001-2005 |
| Сергей Станишев | 2005-2009 |
| Бойко Борисов | 2009-2021 |
| Стефан Янев | 2021 |
| Кирил Петков | 2021-2022 |
| Гълъб Донев | 2022 – настоящ |

## За автора

Мартин Милър-Яни е родсн в Лондоп през 1958 година и произлиза от скромен работнически семеен фон. Въпреки че първоначално преследва кариера като учител в началното училище, животът му взема неочакван завой, когато се отважва да се насели в българския град Ямбол на югоизток. От своето пристигане през 2005 година Мартин напълно се привързва към българския живот и култура, което в него зараждат страст към писането. Като журналист и изследовател за известен български информационен уебсайт, той придобива дълбока познавателна и чувствителна осведоменост за България и нейните хора. Бързо се впуска в българската общност, а връзката му с тази страна продължава да формира и вдъхновява литературните му усилия.

Други книги от автора

"СКРОМНИ СЪКРОВИЩА В БЪЛГАРИЯ" (2008)
ISBN 9780955984907

"100 ОСНОВНИ РЕЦЕПТИ ОТ БЪЛГАРИЯ" (2010)
ISBN 9786199152072

"ПЛУВАНЕ НА 2 МИЛЯ В ОТКРИТА ВОДА С
ПРЕПЯТСТВИЯ" (2020)
ISBN 9786199152027

"БЪЛГАРИЯ В КРЪГ" (2023)
ISBN 9786199152089

"50 УСПЕШНИ РЕЦЕПТИ ОТ БЪЛГАРСКА КУХНЯ"
(2023)
ISBN 9786199152096

"ИЗБАВЛЕНИЕ НА ЛЮБОВТА" (2023)
ISBN 9786199249406

"СЛАБ СЪМ В СТИХОВЕ" (2023)
ISBN 9786199249420

Ingram Content Group UK Ltd.
Milton Keynes UK
UKHW050705050623
422881UK00010B/143